JN219686

板《いた》になった小鬼百合《コオニユリ》

星　富子・作
渡部　等・絵

まえがき

作者の玄関には、
表《おもて》に「突然変異《とつぜんへんい》の小《コ》オニユリ」と
書かれた細い板が、
長くぶら下がっています。
その下の方には、枝分かれした
つぼみのような殻《から》が
三十個ほどついています。
それをおおっているビニール袋には、
数えきれないほどの種と
小さな殻《から》がこぼれています。

小《コ》オニユリは、どうして、
突然変異《とつぜんへんい》を起さなければ
ならなかったのでしょう。

突然変異《とつぜんへんい》→突然、通常とかわった状態になること。

「ゆりママ、ゆりママ、起《お》きなさい」
桃色《ももいろ》の風《かぜ》が、通《とお》り過《す》ぎます。

「ゆりママ、もう春《はる》ですよ」

お日様《ひさま》の、オレンジ色《いろ》の光《ひかり》が、
ゆりママのねどこへ差《さ》し込《こ》みます。

「ふわぁ〜、ふわぁ〜」

大《おお》きなのびをすると、
ゆりママは、すっきりと目覚《めざ》めました。

「風《かぜ》さん、お日様《ひさま》、ありがとう」

「みんな、おはよう！」

まわりからは、

「ゆりママ、おはよう！」

「おはよう、ゆりママ」

「ごきげんいかが、
ゆりママ」

と、したしみをこめた
あいさつがかえってきます。

ゆりママは、元気《げんき》はつらつ。

体《からだ》をおおっていた厚手《あつで》のショールを、
シュルシュルと脱《ぬ》いで、びっくり。

「あれぇ、どうしましょう……」

それもそのはず。
ゆりママの体《からだ》は、冬眠《とうみん》に入《はい》る前《まえ》より、
三倍《ばい》近《ちか》く、大《おお》きくなっていたのですから。
休《やす》むことなく、絹《きぬ》のベールにつつまれた
ゆりママの体《からだ》から、
茎《くき》や根《ね》に養分《ようぶん》を送《おく》り込《こ》みます。
茎《くき》はかたい土砂《どしゃ》をものともせず、
力強《ちからづよ》く

グングングーン

と、地上《ちじょう》をめざし芽《め》を伸《の》ばします。

根《ね》は、土砂《どしゃ》の間《あいだ》を、

シュルシュルシュルシュル！
シュルシュルシュルル！
シュルシュルシュルルル！

と、四方八方《しほうはっぽう》に伸《の》びていきます。
そして、土砂《どしゃ》をワシッとつかみ、
根《ね》を張《は》りゆりママをしっかりと支《ささ》えます。

「なにか、へんだわ」

ゆりママは、目覚《めざ》めてから、
ずっと地下《ちか》のどこかで、
とてつもないことが起《お》きるような
予感《よかん》がしていました。

来《く》る日《ひ》も来《く》る日《ひ》も雨《あめ》、
それも冷《つめ》たい雨《あめ》が降《ふ》り続《つづ》きました。
畑《はたけ》には水《みず》がたまり、
作物《さくもつ》は、育《そだ》ちがわるく、
くさったり、枯《か》れたりしました。
梅雨《ばいう》と重《かさ》なり、寒《さむ》い夏《なつ》となりました。
でも、ゆりママの所《ところ》は、
水《みず》はけの良《よ》い、
背戸《せど》（家《いえ》のうしろ）にありましたから、
茎《くき》は、あおあおと育《そだ》つことができました。

「地上《ちじょう》までは、あと少《すこ》し！」

七月に入ると一変《いっぺん》。

来《く》る日《ひ》も来《く》る日《ひ》も、さんさん、ジリジリと
太陽《たいよう》が照《て》りつけ、水不足《みずぶそく》が続《つづ》きました。
畑《はたけ》はかわき、ひびがはしるようになりました。

でもね、地上《ちじょう》に出《で》たゆりママの茎《くき》は、
山《やま》から引《ひ》いている水《みず》が年中《ねんじゅう》出《で》ていましたから、
水《みず》を送《おく》り届《とど》けることができたのです。
茎《くき》は、大筆《おおふで》ほどの太《ふと》さになりました。
三十センチくらいに伸《の》びた時《とき》、
ゆりママは体《からだ》の異変《いへん》に気《き》づきました。

「どうしたのかしら? はち切れそうだわ」

そこで、ゆりママは、叫《さけ》びました。

『茎《くき》っこ、茎《くき》っこ、開《ひら》きなさい!』

すると、どうでしょう。

筒《つつ》ののりしろがはがれるように、

スルスルスルッ

と、長方《ちょうほう》形に開《ひら》いたではありませんか。

しばらくすると、
うすかった茎《くき》がゴムのように
厚《あつ》みが出《で》て、昆布《こんぶ》のようになりました。

「これで、だいじょうぶ。楽《らく》になったわ」

広《ひろ》くなった茎《くき》の表《おもて》と裏《うら》には、
小《ちい》さな笹《ささ》のような葉《は》が、
リズミカルに

ツンツンツーン
ツンツンツーン
ツンツンツンツンツンツンツーン

と、生《は》え出《だ》したのです。

雨《あめ》の降《ふ》る日《ひ》は休《やす》み、
お日様《ひさま》が出《で》ている時《とき》は、

ズンズンズンズンズン

と、丈《たけ》を伸《の》ばしました。

そして、八月《がつ》。

ゆりママは、茎《くき》のうしろと前《まえ》に、
豆《まめ》つぶのような花芽《はなめ》をつけはじめたのです。

ぐるりぐるぐるぐると、
何日《なんにち》もかけて、
ポッポッポッポッと、

茎《くき》のてっぺんまで、
六十七個《こ》の花芽《はなめ》をつけて止《と》まりました。

ほほを赤《あか》くそめて、
ゆりママはとっても満足《まんぞく》そうです。

「子《こ》どもたち、こんどは、
つぼみになって、花《はな》を咲《さ》かすのよ。
力《ちから》をあわせ、たすけあって、
自分《じぶん》の花《はな》を咲《さ》かせてね」

「はぁーい」

「まかせて」

「がんばるよ」

たいらだった花芽《はなめ》は茎《くき》を伸《の》ばし、
ふっくらとしたつぼみになりました。
一番《いちばん》はじめの花《はな》が、
今《いま》にも咲《さ》きそうです。

「どっちに花《なは》びらを広《ひろ》げればいいかな？
次《つぎ》に咲《さ》く花《はな》が困《こま》らないようにしよう」

と、下向《したむ》きに
大《おお》きな花《はな》を咲《さ》かせました。
どのつぼみも、他《ほか》の花《はな》を思《おも》いやって、
花《はな》びらを広《ひろ》げました。

次《つぎ》から次《つぎ》へと、花《はな》を咲《さ》かせました。

あたり一面《いちめん》、虫《むし》たちの好《す》きな
においが広《ひろ》がり、
小《ちい》さなハチから、大《おお》きなクロアゲハ蝶《ちょう》まで
たくさん集《あつ》まってきて、
とてもにぎやかになりました。

クロアゲハ蝶《ちょう》は、
大《おお》きな羽《はね》をばたつかせ、
からだを花粉《かふん》で黄色《きいろ》に染《そ》めながら、
次《つぎ》の代《だい》の種《たね》になるように、
蜜《みつ》のお礼《れい》のてつだいもしているのです。

でも今年《ことし》は、
一本《いっぽん》のゆりママから、
六十七個《こ》の花《はな》が咲《さ》いたため、
クロアゲハ蝶《ちょう》をはじめ、
遠《とお》くからはキアゲハ蝶《ちょう》もおうえんにかけつけ、
それはそれはお祭《まつ》りのように、
にぎやかで、はなやかになりました。

一メートル三十センチのゆりママの体《からだ》は、
まるで人《ひと》がかかえ込《こ》むほどの、
大《おお》きな花束《はなたば》の木《き》となりました。

ゆりママは、六十七個《こ》の子育《こそだ》てに、
下《した》から上《うえ》までかけめぐり、大忙《おおいそ》がし。
通《とお》り抜《ぬ》ける風《かぜ》さんも、
さんさんと光《ひかり》を放《はな》つお日様《ひさま》も、
めぐみの雨《あめ》を降《ふ》らす雨《あめ》さんも、
「なんてきれいなんでしょう」
「みんな元気《げんき》に、花《はな》を咲《さ》かせてよかったわ」
「わたしたちの青《あお》い風《かぜ》を受《う》けておくれ」
「きり雨《さめ》は、いかがかかな？」
と、子《こ》どもたちに声《こえ》をかけてくれます。

一番上《いちばんうえ》の、
最後《さいご》の花《はな》が咲《さ》いたとき、
ゆりママは、
みんなにやさしく言《い》いました。

「ママの子育《こそだ》ては、ここまでよ。
花《はな》を咲《さ》かせたみんなには、
もう、ママの力《ちから》は必要《ひつよう》でなくなったの。
ママは、土《つち》の中《なか》にもどり、
冬《ふゆ》じたくをして、春《はる》までねむります」

そう言《い》って、
にっこりみんなを見渡《みわた》すと
土《つち》の中《なか》に、
帰《かえ》っていきました。

花《はな》になった子《こ》どもたちは、
元気《げんき》に、ママに向《む》かって言《い》いました。

「ありがとうママ。
また、来年《らいねん》の春《はる》まで
ごきげんよう！」

十月《がつ》、静《しず》かな風《かぜ》の吹《ふ》く日《ひ》のことです。

ピシッ！
パリッ！
カラカラカラ
サラサラサラ　サラサラサラ

あちらからも、
こちらからも

ピシッ！
パリッ！
カラカラカラ
サラサラサラ　サラサラサラ

つぼみのような殻《から》がわれ、
その殻《から》から、なん百というたね子が、
キラキラと光《ひか》りながら、
旅立《たびだ》っていくところでした。

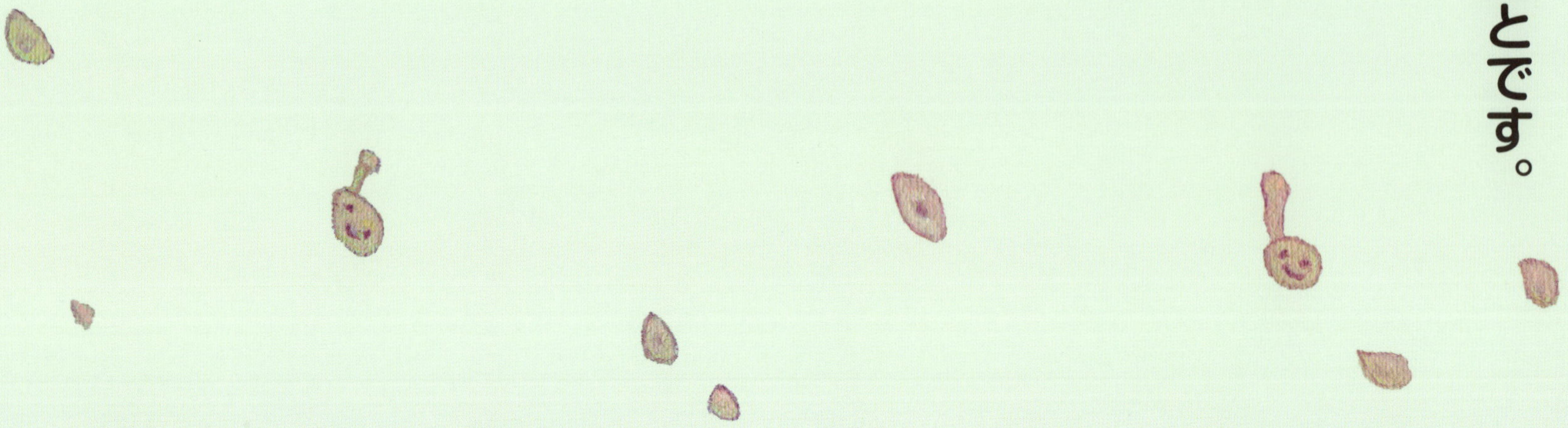

「わぁい！
わーい！
それっ！
行《い》ってきます！」

クルクルクルクル、トン！

サラサラサラ、トン！

もう、近《ちか》くに着地《ちゃくち》した子《こ》もいますよ。

こうして、何日《なんにち》も何日《なんにち》もかけて、
何万《なんまん》つぶものたね子《こ》たちが
元気《げんき》に旅立《たびだ》っていきました。

あとには、抜《ぬ》け殻《がら》だけが残《のこ》りました。

背戸《せど》の小《コ》オニユリの枯《か》れ姿《すがた》は、
うす茶色《ちゃいろ》の板《いた》や枝《えだ》となって
力強《ちからづよ》く、
きりりと立《た》っています。
朝夕《あさゆう》は、金色《きんいろ》やあかね色《いろ》にそまり、
ぎん色《いろ》のきり雨《さめ》を受《う》け
風《かぜ》は、まい日《にち》、
殻《から》を鳴《な》らして通《とお》りすぎます。

とんぼの止《と》まり木《ぎ》や
虫《むし》たちのあそび場《ば》となり、
かんのんさまのように、
愛《あい》にみちた枯木《かれき》、祈《いの》りの枯木《かれき》となりました。

ところで、土《つち》の中《なか》にもどった
ゆりママをのぞいてみましょう。

シーッ！

ほそりとなったゆりママは、
厚手《あつで》のショールをまとい
ぐっすりと休《やす》んでいますよ。

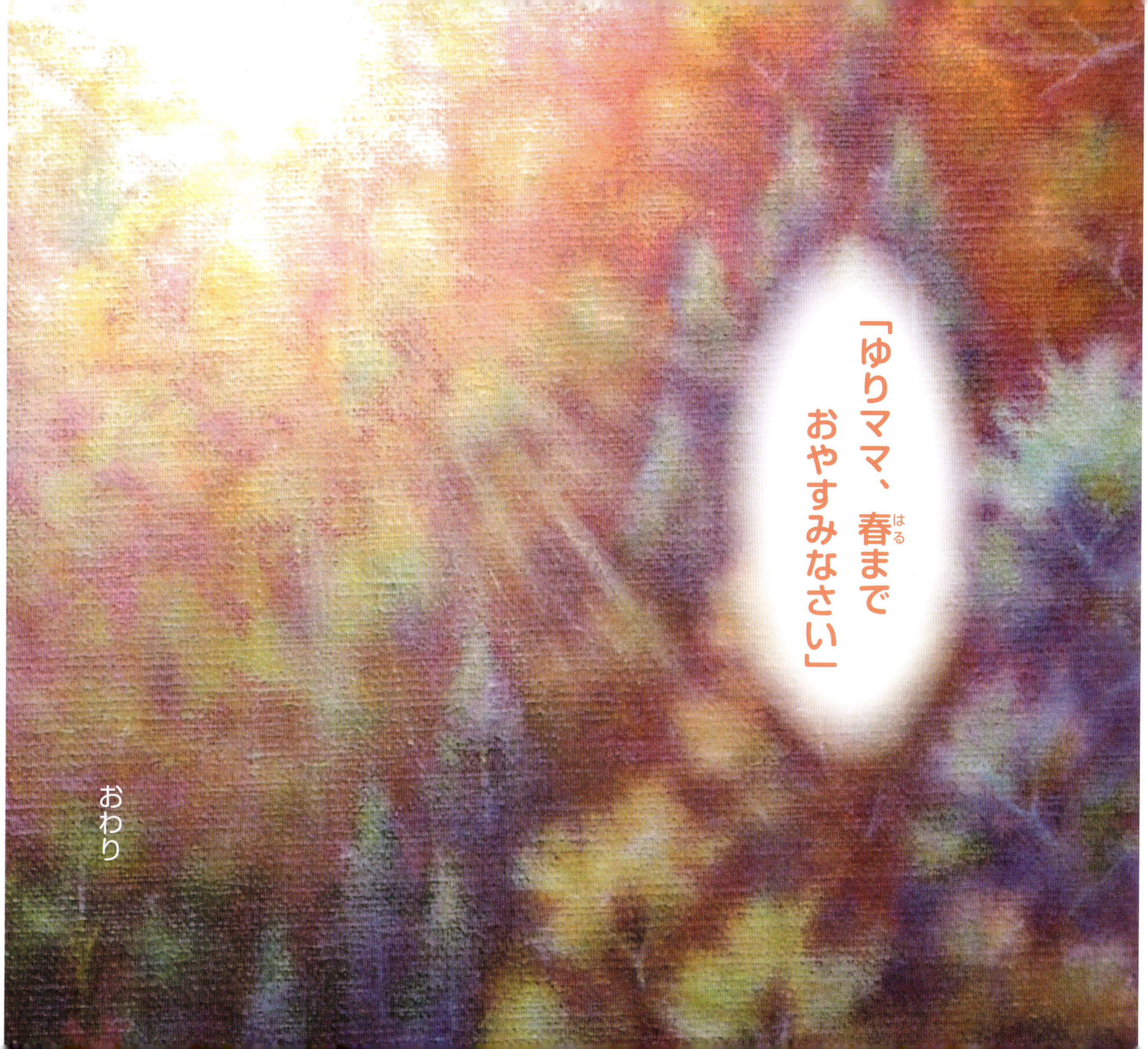

「ゆりママ、春《はる》まで
おやすみなさい」

おわり

あとがき

このお話は、作者の私が、平成二十二年に
実体験した事を童話に書き下ろしました。
私は毎日背戸《せど》に行き、板になった小《コ》オニユリと
背比《せいくら》べやおしゃべりをしました。
晩秋となり、種子が残り少なくなった十一月一日、
私の胸の高さにまで伸びて板になった茎を、
地面から三センチ上より切りとりました。
板になった小《コ》オニユリの姿を、痛めたり、傷つけたり、
失なってしまう事に耐えられなかったのです。
その芸術品である一メートル三十センチの
小《コ》オニユリの板裏に、メッセージを入れて、玄関に飾りました。
その翌年《よくとし》の三月十一日、東北大震災《とうほくだいしんさい》・津波《つなみ》・原発事故《げんぱつじこ》が起ります。
ゆりママは、この事を予感していたのでしょうか。
そして、二度と板のような茎になる事はありませんでした。
あれから、六年の歳月が流れ、小《コ》オニユリの季節となりました。
「あなたの童話ができましたよ」
と、ようやく、ゆりママに報告できます。

平成二十九年七月

作者　星　富子

このお話は花という植物だけに擬人化《ぎじんか》するのが
とてもむずかしかったのですが、五才になる孫娘が
「わぁ！かわいい！これ、わたしのことかいたの？
そうでしょう？そうだわたしだ！」と、喜びの反応を示したのです。
それに意を得た私は、次々と描いてみては、彼女に見せて試しました。
幼な児が示す表情《ひょうじょう》を道標《みちしるべ》に何とかイメージを膨《ふく》らませて、
最後まで仕上げることが出来ました。
孫に助けてもらったなぁ、と感慨《かんがい》深いものがありました。
小鬼百合が主人公という難しい題材を描くという機会を与えて
下さった筆者と、歴史春秋社さんに深く感謝申し上げます。

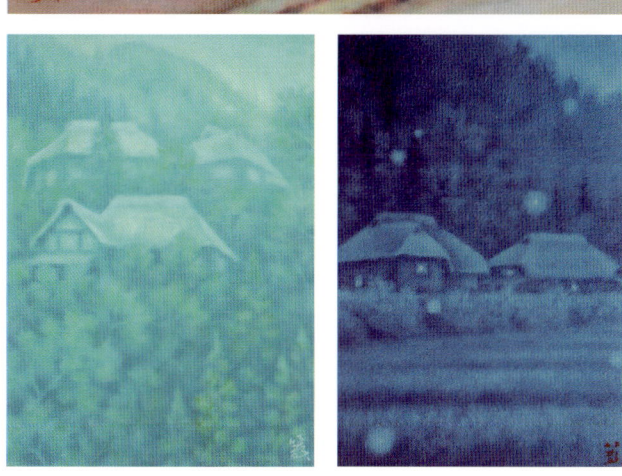

平成二十九年十月

画家　渡部　等

◆著者略歴◆

平成29年11月5日　伊南の大イチョウ前にて

作者／星　富子（ほし　とみこ）

1942年（昭和17年12月10日）宮城県仙台市生まれ
会津若松市出身

〈著書〉

- 2003年（平成15年）児童詩集「南天の星」　自費出版
- 2005年（平成17年）童話「ヘビの子ヌル」　出版
- 2009年（平成21年）童話「ヘビの子ヌルとあい」　出版
- 2013年（平成25年）童話「ヘビの子ヌルとあい雲に乗る」出版
- 2017年（平成29年）童話「板になった小鬼百合」　出版

〔住 所〕
〒967-0525　福島県南会津郡檜枝岐村字下ノ原989-1
TEL・FAX　0241-75-2046

平成25年6月　アトリエにて

画家／渡部　等（わたなべ　ひとし）

1956年（昭和31年）新潟県上越市高田生まれ

〈挿絵関係略歴〉

- 2005年（平成17年）童話「ヘビの子ヌル」　挿絵
- 2009年（平成21年）童話「ヘビの子ヌルとあい」　挿絵
- 2013年（平成25年）童話「ヘビの子ヌルとあい雲に乗る」挿絵
- 2017年（平成29年）童話「板になった小鬼百合」　挿絵

〔住 所〕
〒968-0434　福島県南会津郡只見町大字小川字上村248
TEL・FAX　0241-84-2966

へびの子ヌルシリーズ

平成29年発刊

平成17年発刊（絶版）

平成21年発刊

平成25年発刊

板になった小鬼百合

星　富子・作／渡部　等・絵

発　行　2017年12月10日　初版第１刷発行
発行者　阿部　隆一
発行所　歴史春秋出版株式会社
〒965-0842
福島県会津若松市門田町中野
TEL 0242（26）6567
http://www.knpgateway.co.jp/knp/rekishun/
e-mail rekishun@knpgateway.co.jp
印刷所　北日本印刷株式会社